LA PAIRIE

DANS SES RAPPORTS

AVEC

LA SITUATION POLITIQUE;

SON PRINCIPE, SES RESSOURCES, SON AVENIR.

PARIS,

A. Guyot, Imprimeur du Roi,

35, Rue Neuve-des-Petits-Champs.

1842.

LA PATRIE

LA SITUATION POLITIQUE

PARIS

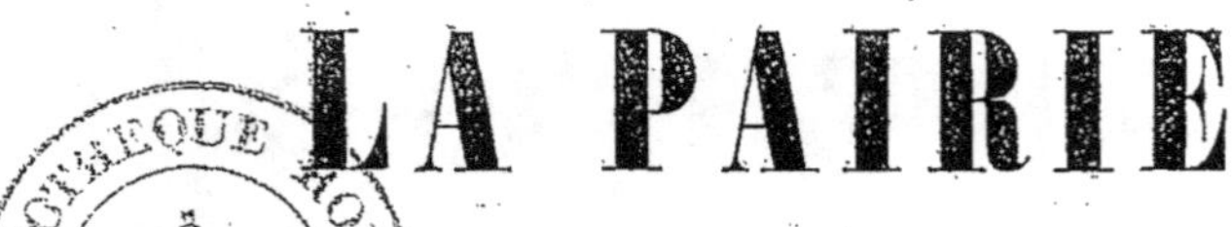

LA PAIRIE

DANS SES RAPPORTS

AVEC

LA SITUATION POLITIQUE;

SON PRINCIPE, SES RESSOURCES, SON AVENIR.

§ Ier. Nécessité d'envisager la question d'un point de vue pratique.

Jusqu'à ce jour, les efforts que l'on a tentés en faveur de la Pairie n'ont eu qu'une valeur idéale. On a opposé les unes aux autres des théories, anciennes ou nouvelles, qui n'offraient soit au cabinet, soit à la Pairie elle-même, aucun but réalisable, aucun moyen efficace d'intervenir dans ce grave débat.

Dernièrement encore, un nouveau Journal, *la Législature*, né du besoin d'introduire l'équilibre dans le Parlement, n'a trouvé rien de mieux pour y parvenir, que le rétablissement de l'hérédité, et le premier résultat de sa polémique a été de ranger parmi ses plus énergiques adversaires la seule feuille peut-être en qui la Pairie eût un défenseur impartial et convaincu, *la Presse*.

Nous concevons les regrets dont l'abolition de l'hérédité a été l'objet. Mais l'hérédité a aujourd'hui contre elle : 1° le public qui prend toujours parti pour le talent ; 2° le talent lui-même, qui par l'hérédité verrait diminuer les chances qu'il a d'arriver au pouvoir et aux honneurs (1) ; 3° les députés qui ont imposé le principe des catégories, et qui y sont d'autant plus attachés qu'elles constituent en leur faveur un privilège ; 4° l'intérêt de la

(1) Dans les onze années qui ont suivi la Révolution de Juillet, le nombre des nominations a été de 190. Le nombre des nominations analogues dans les onze années précédentes avait été de 50. Différence en faveur du nouveau régime : 140.

I

Couronne qui ne lui permet pas de se dépouiller de sa prérogative quelle que soit d'ailleurs la pensée personnelle du monarque.

Contre de pareils obstacles, contre des intérêts si considérables et si nombreux, on peut affirmer que l'hérédité ne triomphera pas.

En dehors de l'hérédité, il y a une théorie qui consisterait à remplacer le droit de nomination royale par un mode d'adjonction semblable à celui qui se pratique dans les classes de l'Institut et les sociétés savantes.

Appliqué à un corps politique délibérant, ce mode frappe au premier aspect par son caractère de simplicité et de hardiesse. Toutefois, s'il satisfait l'esprit sous le rapport de l'indépendance de l'institution, on sent qu'il ne renferme pas toutes les garanties d'ordre, toutes les conditions d'influence et d'autorité que la Pairie doit présenter à la Couronne et au public. Qu'il soit destiné dans un avenir lointain à compléter les deux principes de la nomination royale et des catégories, en faisant alliance avec eux, on peut le croire, le désirer. Mais pour le moment, il faut bien se dire que c'est une pure théorie, d'autant moins puissante qu'elle est nouvelle et que ses bienfaits n'ont existé encore que dans le domaine de la spéculation.

Si la Pairie considérait ce mode comme son arche de salut, comme l'unique moyen de conquérir le rang et le pouvoir auxquels elle a droit, elle s'épuiserait en efforts impuissans, et sa tactique ne serait pas sans danger; car prétendre introduire dans l'institution un nouveau principe, quand la loi qui la constitue compte à peine dix années d'existence, n'est-ce pas remettre en question la Charte tout entière, offrir une arme puissante aux partisans de la réforme, ranimer enfin de vieilles querelles qui détournent l'esprit public des véritables affaires du pays, et les hommes d'État de leur gestion?

Cette dernière considération est décisive; elle prouve combien il est nécessaire d'envisager enfin la question de la Pairie à un point de vue pratique.

Laissons donc de côté les théories, anciennes ou modernes, que la presse contemporaine, aussi bien, dédaigne de soumettre à une discussion sérieuse, et attachons-nous à la réalité. Peut-être l'institution de 1831 n'a-t-elle pas été suffisamment étudiée. Peut-être l'état des esprits, les difficultés de la situation offrent-ils à la Pairie, même dans les limites étroites des catégories, une occasion immédiate de saisir la part d'influence qu'elle a droit d'exercer dans les travaux législatifs.

Les institutions d'un peuple ne sauraient se développer avec succès qu'en obéissant au cours régulier de sa politique générale, en servant ses passions ou ses intérêts. Il n'a pas existé un seul corps délibérant, Aréopage, Sénat, États-Généraux, Cortès, Chambre des Lords, dont les privilèges n'aient été le prix de grands services nationaux.

Ainsi les leçons de l'histoire sont d'accord avec les nécessités du moment; et, quand on se demande par quel moyen, par quel effort la Pairie pourra s'élever au-dessus de son rôle subalterne, c'est l'expérience des siècles, c'est la sagesse humaine qui répond : étudiez la politique générale de la France, pénétrez les secrets de son organisation, observez si elle ne renferme pas quelque lacune importante, quelque intérêt considérable en souffrance! S'il dépend de la Pairie d'y porter remède, qu'elle agisse! qu'elle se mette à l'œuvre! C'est là qu'est le germe de sa puissance et de sa grandeur futures!

Telle est la marche que nous adoptons. Elle nous oblige à un examen préalable de la situation, à une étude rigoureuse des élémens dont se compose aujourd'hui la nationalité française. Bien que certains développemens puissent sembler au premier abord étrangers à la question de la Pairie, on verra plus tard qu'ils y ont tous un rapport direct, et que leur ensemble forme la base indispensable d'une juste appréciation de son principe, de ses ressources, de son avenir.

§ II. Coup-d'œil sur la situation.

Il a existé depuis 1830 deux politiques distinctes :

L'une, que l'on peut appeler *politique constituante*, s'est appliquée à fonder la constitution, à la développer, à la défendre contre les attaques des partis et les répugnances de l'Europe.

L'autre, que l'on peut nommer *politique des affaires*, s'est appliquée à protéger, à favoriser les intérêts, les travaux de la société dans les arts, les sciences, la religion, l'organisation militaire et diplomatique, l'administration intérieure, le commerce, l'agriculture, l'industrie.

Dans la première, dans la *politique constituante*, la Couronne a possédé dès le principe et possède encore un système de gouvernement fort, inébranlable, qui a un but bien défini, l'ALLIANCE de *l'ordre* et de la *liberté*, et qui suit pour guide dans son action journalière un programme : le JUSTE-MILIEU entre les *excès du pouvoir populaire* et les *abus du pouvoir royal;* programme qui lui a permis de vaincre les émeutes, de déjouer les complots, de contenir l'hostilité sourde et aveugle des monarchies absolues, et au milieu des embarras et des dangers venus de sources si contraires, de fonder, de compléter lentement les bases de la nouvelle constitution. La discussion de la loi de Régence a prouvé quel empire ce programme exercera toujours dans les conjonctures et sur les questions qui intéressent la dynastie et la Charte.

Malheureusement il n'en est pas ainsi pour la *politique des affaires*, qui n'a pas encore inspiré aux hommes d'État un programme, un système de gouvernement spécial à cette politique. Aussi, dès que l'existence de la monarchie n'est plus menacée, dès que les principes fondamentaux des constitutions ne sont plus mis en question, que voyons-nous?

Le pouvoir devient faible, incertain, embarrassé. La majorité se décompose en nuances infinies, l'accord entre les Chambres semble compromis. C'est qu'il n'existe pas de but bien défini, de programme dans la politique des affaires, et que l'on se trouve réduit à prendre pour guide dans leur gestion l'ancien programme constituant, qui leur est tout-à-fait étranger.

Quelle pourrait être sa valeur en effet dans les principales questions à l'ordre du jour :

Le principe du *juste-milieu* ENTRE *les abus du pouvoir royal et les excès du pouvoir populaire* offre-t-il un moyen de conciliation entre les intérêts divergens de l'agriculture et des colonies au sujet des sucres? Evidemment non.

Ce principe peut-il aider à la solution de la question des bestiaux, si intéressante pour les classes moyennes et les classes populaires? En aucune façon.

Peut-il résoudre les questions de crédit public? peut-il former l'opinion et provoquer les décisions des Chambres sur la loi des prisons? sur le rachat des actions de jouissance des canaux, sur les questions de défrichement et de reboisement? sur les améliorations dans les tarifs, les traités de commerce? sur la loi des écoles secondaires? sur l'émancipation des noirs? sur la colonisation de l'Algérie? sur l'application de l'armée aux travaux publics, ou, si l'on aime mieux, l'organisation d'une armée des travaux publics?

sur l'institution des prud'hommes et des syndicats d'ouvriers? sur la grande question de l'introduction des machines?

Non, sans doute.

Au dehors, enfin, peut-il éclairer les questions internationales? concilier les prétentions si diverses de la Russie, de l'Angleterre, de l'Allemagne et de la France en face de la décadence de l'empire ottoman? résoudre les difficultés qu'a soulevées le droit de visite? peut-il guider la chrétienté tout entière et lui faire prendre l'attitude que ses intérêts d'honneur et de bonne renommée aussi bien que les intérêts de son commerce lui commandent, en face de la guerre que le cabinet britannique fait à l'empire chinois?

Non!

A Dieu ne plaise que nous accusions personne; nous constatons un fait dont l'opposition n'a aucunement le droit de se prévaloir et qui n'est, après tout, que l'ouvrage du temps. Le temps a résolu la plupart des questions de politique constituante soulevées au dedans et au dehors par l'établissement du régime nouveau, et il donne aujourd'hui la prépondérance en France et en Europe à la politique des affaires. Or, il n'y a pas encore en France de système de gouvernement dans les affaires. L'opposition, à cet égard, n'est pas plus avancée que la majorité. Nous croyons donc qu'au-dessus de la lutte des opinions et des partis il y a, au moment où nous écrivons, un intérêt supérieur, une nécessité urgente qui domine tout, même la question de cabinet.

Le cabinet serait renversé, que celui qui lui succéderait rencontrerait bientôt les mêmes attaques et les mêmes embarras, et il aurait moins de force pour en triompher, car il n'arriverait pas pour réparer des fautes, pour sauver le pays d'un dangereux entraînement. Aucune grande situation ne se rattacherait à son existence. Ce serait recommencer la carrière funeste des hésitations et des tâtonnemens dont la dissolution du ministère Molé fut le prélude

Avec un système général de gouvernement dans les affaires, la situation change.

S'il est produit au grand jour et s'il rallie à lui les esprits éminens de toutes les nuances de la majorité, de deux choses l'une : ou le ministère l'adoptera, et il lui devra, dans ce cas, son salut, ou il le dédaignera, et le système alors deviendra un instrument d'opposition d'où sortira tôt ou tard un cabinet durable

Telle est, au fond, la véritable situation politique avec ses difficultés et ses exigences. Le plus grand service que l'on puisse rendre aujourd'hui au pays, c'est d'introduire au milieu de ses affaires si languissantes, si épineuses, si complexes un systême général de gouvernement qui domine les intrigues, les petites passions des coteries qui ont remplacé les factions, et qui fasse intervenir dans les discussions un nouvel intérêt public assez considérable pour imposer aux industries et aux localités rivales l'union et l'accord.

Douze années d'omnipotence parlementaire ont prouvé que cette tâche était au-dessus des forces de la Chambre des députés. Les embarras les plus grands viennent de sa propre composition. Ce n'est pas d'elle qu'on doit attendre le remède.

Mais la Pairie a le champ libre ; elle est indépendante de toutes les chaînes qui pèsent sur la Députation. Elle est placée par sa nature même au point de vue de l'ensemble si nécessaire pour apprécier sainement les vraies tendances du siècle. Elle possède des lumières, une expérience gouvernementale que l'on ne trouve qu'en elle. Enfin elle a sa position à conquérir, son pouvoir à fonder.

Il convient donc d'attirer l'attention de la Pairie sur la situation politique, dans l'intérêt de son honneur, de sa gloire, de sa puissance. Supposez, en effet, qu'un nouveau systême de gouvernement existe en germe dans la situation ; que la Pairie s'en empare, qu'elle s'unisse pour le faire prévaloir ; dès lors son infériorité cesse ; elle prend un empire légitime sur l'opinion, sur le cabinet, sur la Chambre élective elle-même ; elle voit luire encore, plus brillans et plus purs, ses beaux jours de la Restauration, ces jours d'influence et de popularité où elle était considérée comme le boulevard de la représentation nationale et des libertés publiques.

Ces considérations entraînent l'auteur, il le sent bien, dans une étude délicate et hardie. Il supplie le petit nombre de lecteurs auquel il s'adresse de n'y voir que l'intention d'offrir une base étendue à leur examen, bien convaincu d'avance que son opinion n'aura de valeur que celle que leur suffrage lui donnera.

§ III. Du principe qui doit dominer dans la politique des affaires.

Avant de chercher à déterminer, d'après la nature des intérêts en présence et la disposition particulière de l'opinion, quel systême de gouvernement pourrait être appliqué aujourd'hui avec le plus d'avantage à la gestion des affaires, disons un mot d'abord du principe général qui doit y servir de guide, du principe qui doit tout dominer.

Le principe qui a dominé et triomphé dans la *politique constituante*, c'est l'alliance de l'ordre et de la liberté, le juste-milieu entre les abus du pouvoir royal et les excès du pouvoir populaire. Ce principe de justice et de transaction éternel dans tout ce qui concerne le développement ou la défense de la constitution, nous paraît indiquer le sentiment qui doit aussi dominer dans la *politique des affaires*.

Oui, le sentiment nouveau qui servira désormais de guide sera de la même nature, de la même essence que l'ancien. Ce sera un juste-milieu, c'est-à-dire un équilibre, un arbitrage fondé sur la justice ; seulement ce sera une expression nouvelle, un nouvel aspect de la justice. Au lieu de s'appliquer à l'alliance des principes abstraits de l'ordre et de la liberté, elle s'appliquera à des intérêts palpables, à des classes, à des êtres vivans. Au lieu d'être passive, elle sera nécessairement active, puisqu'il ne s'agira plus de louvoyer entre deux maux également redoutables, mais d'atteindre un bien que tous partageront.

La justice calme, égale et bienveillante pour les intérêts, pour les droits légitimes de toutes les classes de la nation, voilà désormais le guide, le lien de la majorité.

Ce mot de justice appliqué aux affaires paraîtra-t-il obscur, indéterminé? Des exemples expliqueront mieux notre pensée.

L'indemnité des cinq cent millions, payés par l'Angleterre aux propriétaires des noirs qu'elle voulait affranchir, a été un acte juste.

L'article de la Charte qui autorise l'expropriation pour cause d'utilité publique, moyennant indemnité préalable et suffisante, est une disposition juste.

La loi qui a étendu gratuitement le bénéfice de l'instruction primaire à toutes les pauvres communes de France est une loi juste.

La loi qui règle le travail des enfans dans les manufactures et qui, malheureusement, n'a pu être encore d'une application générale, est une loi juste.

La loi récente des chemins de fer, par laquelle le gouvernement intervient dans l'exécution des grandes lignes de communication afin qu'elles soient profitables à tous, est une loi juste.

L'expédition de Morée, par laquelle la France s'est interposée entre un souverain reconnu par les traités et ses sujets rajas qu'il opprimait dans leurs intérêts et dans leur foi religieuse, fut un acte de haute justice.

L'expédition d'Alger, par laquelle la France a rendu à la civilisation le sol africain où elle avait brillé jadis, est un acte conforme à l'éternelle justice.

La justice dans les affaires, c'est de réparer les maux qu'on a faits ou laissé commettre, c'est de compenser par des avantages les sacrifices que l'on impose, de rembourser celui que l'on dépouille au nom de l'intérêt général, mais aussi, au nom de l'intérêt général, de ne lui rembourser que ce qui lui est légitimement dû.

La justice, c'est d'égaliser de plus en plus les améliorations et les charges publiques, de rendre de plus en plus solidaires les membres du corps social, c'est d'ouvrir pleine carrière à la force productive, mais de protéger aussi la faiblesse contre la force, c'est de féconder tous les germes d'avenir, mais de protéger en même temps le passé contre l'avenir.

Vous avez découvert de nouveaux moyens de fabrication, des machines qui économisent le temps et les bras. Vous demandez à l'Etat le droit d'en user seul et de vous enrichir. Ce droit est légitime; mais l'Etat, qui gouverne ceux que vous allez ruiner, aussi bien que vous, a droit de s'inquiéter de leur sort, de prévenir les perturbations que vos découvertes introduisent dans la classe ouvrière. Et s'il exigeait à son tour, sur les bénéfices des nouveaux procédés, un droit, une part sociale qui lui permît de liquider les pertes des anciennes industries, qui pourrait dire que cette obligation ne serait pas avouée par la justice?

Le désir d'étendre l'influence de la France et de lui faire une plus grande position en Europe, vous pousse à signer des traités de commerce ou d'union de douanes, afin de rattacher à vous les puissances secondaires, la Belgique, par exemple; ce dessein est légitime et patriotique. Mais il est telle industrie, dont une grande nation peut le moins se passer, que ces traités ou cette union menacent, celle des fers. C'est un devoir alors de venir à son aide par des écoles techniques qui élèvent son personnel au niveau de l'industrie rivale, par des routes et des canaux qui égalisent les frais de production. A cette condition seule, vous aurez l'espoir et le droit de faire triompher vos projets, car vous aurez mis de votre côté la justice.

Disons-le, la justice, ce n'est pas un rêve, une illusion généreuse du cœur, c'est un fait que les intérêts mêmes des hommes ont intorduit dans les affaires, un fait que la majorité a déjà consacré maintes fois dans les intervalles de nos convulsions politiques. Ce fait ne peut plus disparaître du monde. Il s'agit désormais de le constater et de le généraliser.

Le principe qui doit servir de guide étant admis, un mot maintenant des dispositions de la Chambre élective et de l'état général des affaires de la France.

Depuis 1830, il n'a existé ni principe, ni systême de gouvernement dans les affaires. Mais on a suivi par instinct une ligne déterminée. La couronne et les divers ministères qui se sont succédés ont eu principalement sous les yeux la Chambre des députés, qui avait fait ou consolidé la révolution. Il en est résulté que les mesures les plus importantes et les plus nombreuses ont eu rapport aux intérêts de l'industrie privée, du commerce, des professions libérales, de l'éducation des familles; aux intérêts enfin du public par qui est élue l'assemblée qui le représente.

Dans cette direction, tant que l'on est resté uni en face des dangers qui menaçaient la monarchie, on a beaucoup fondé, mais à travers mille difficultés, mille embarras qui n'ont fait que s'accroître, à mesure que le calme et la confiance reparaissaient, et qui sont devenus tels, qu'il est aujourd'hui presque impossible d'en triompher. Le morcellement des opinions, et la funeste influence que ces divisions infinies exercent sur la marche des affaires sérieuses, est un fait qui afflige tout le monde. Depuis trois à quatre ans surtout, combien de mesures utiles ont échoué, combien de lois présentées et non votées, combien d'intérêts graves en suspens, que de temps perdu!

La refonte des tarifs, la conversion du 5 pour 100, la réforme des prisons, la liberté de l'enseignement, les sucres, les endiguemens, le rachat des actions de jouissance, la police du roulage, etc., etc.

Le pouvoir, par la seule force des choses, n'est-il pas naturellement conduit à se demander si, pour faire cesser un état si stérile et si funeste, il ne devrait pas, au lieu de s'appliquer exclusivement à régenter les intérêts de l'industrie privée, se placer au point de vue de l'administration qui est de son ressort spécial et qui réclame aussi toute sa sollicitude?

Mais qu'est-ce que l'administration? mérite-t-elle aux yeux

du public une attention distincte? les réformes et les créations qu'on y peut introduire sont-elles d'une importance assez grande pour pouvoir dominer un moment les délibérations? C'est un point qu'il importe d'éclaircir.

S'il était prouvé que la prospérité nationale n'est pas moins attachée à l'ordre intérieur de l'administration, à la bonne économie de ses ressources qu'à l'usage qu'elle en fait pour la protection des intérêts privés; s'il était prouvé que les services qu'elle rend au public dépendent des perfectionnemens qu'elle opère dans son sein; qu'agir sur elle-même et agir sur tous sont deux devoirs également impérieux, qu'il faut conduire de front, sous peine d'embarras graves, de perturbation et de tiraillemens dans tous les membres du corps social; et, d'un autre côté, si l'on est obligé de reconnaître que, entraînée par l'impulsion démocratique qui lui a donné naissance, la nouvelle monarchie a beaucoup plus cherché à développer la prospérité publique en agissant sur les individus, sur les familles, sur les professions, sur les localités, qu'en perfectionnant les rouages administratifs, cette autre source d'améliorations, non moins féconde pour le bonheur de tous; le principe d'équilibre et de justice que nous avons accepté comme guide dans la gestion des affaires, suffirait pour diriger désormais la sollicitude de la Couronne et du Parlement vers le devoir qui a été négligé; il deviendrait nécessaire que son accomplissement formât l'objet de leurs principales préoccupations, jusqu'au moment au moins où l'équilibre serait rétabli; et il en résulterait dans la politique des affaires un nouveau système de gouvernement aussi clair, aussi légitime et aussi fécond que l'a été l'ancien système suivi pendant ces douze années dans la *politique constituante*.

Au premier abord, nous le savons, il paraîtra pour le moins hardi de mettre en balance les progrès que l'administration réalise dans son propre sein et ceux qu'elle opère dans le public. Hâtons-nous donc de montrer que ces intérêts, qui semblent divers, sont étroitement unis, solidaires les uns des autres, et confondus dans un seul.

§ IV. De l'administration et du public.

Sans doute au point de vue de l'existence civile et politique, il n'y a qu'une société, régie par les mêmes lois, dont tous les membres indistinctement jouissent des mêmes avantages et sont soumis aux mêmes obligations. Ceux qui prélèvent l'impôt doivent l'acquitter; ceux qui rendent la justice sont les premiers soumis à ses arrêts; les membres de l'administration tout entière, enfin, en donnant à ce mot son acception la plus générale, ne sont que les mandataires de la grande société, dont ils font eux-même partie, chargés de protéger, de gérer les intérêts communs.

Mais cette protection, cette gestion ont été soumises à de certaines règles de plus en plus perfectionnées, et qu'il importe pour le bien de tous de perfectionner encore.

De là entre les fonctionnaires publics, en leur qualité de fonctionnaires seulement, des rapports particuliers, des obligations distinctes, des méthodes de classement, une manière de distribuer et de rétribuer le travail, qui diffèrent essentiellement des procédés employés par chacun pour la gestion de ses propres affaires.

A ce point de vue, que l'on peut nommer économique, et qui n'est pas moins important que le premier, l'administration et le public apparaissent comme deux sociétés de travailleurs unis par le même intérêt et qui concourent au même but : la gloire et la prospérité nationales, mais qui procèdent par des moyens et des principes différens.

D'une part est l'administration, c'est-à-dire, la société des travailleurs organisés, qui sont rétribués et pensionnés sur le budget de l'État. De l'autre est le public, c'est-à-dire, la grande masse des travailleurs de l'industrie privée, qui disposent librement de leur temps, de leurs capitaux, et entre lesquels n'existent ni prévoyance commune, ni solidarité.

De ces deux sociétés, la petite et la grande, le monde connaît et pratique surtout la dernière, et il n'est pas besoin d'entrer à son sujet dans de longs développemens. Mais la première est moins bien appréciée.

En France, il est de mode de décrier les fonctionnaires. Depuis le garde champêtre jusqu'au président du conseil, l'envie s'attaque à tous ceux qui vivent du budget. Cette défaveur presque universelle tient à ce que le budget a été considéré jusqu'à présent moins comme un ensemble de rémunérations légitimes représentées par des travaux utiles et productifs, que comme un moyen d'influence et de domination. Des abus existaient, il en existe encore. Il faut les détruire, sans doute; mais il ne serait ni juste ni raisonnable que des gaspillages ou des faveurs de détails, qui, réunis, ne forment qu'une somme minime comparée au chiffre du budget, fissent oublier l'importance et l'utilité des services qu'il alimente.

Quand on embrasse dans sa pensée les travaux exécutés par les armées de terre et de mer, par les divers clergés, par l'Université, depuis la nouvelle loi sur l'instruction primaire surtout, par les consulats et les chancelleries, par les cours judiciaires, la Cour des comptes et le Conseil-d'État, par les préfectures, par les percepteurs et payeurs des finances, par les douanes, les domaines, l'enregistrement, par les ponts-et-chaussées, par le corps des mines, par le génie hydrographe, et généralement toutes les branches si variées des neuf ministères dont se compose aujourd'hui l'administration, on reconnaît bien vite que l'emploi des fonds compris dans le budget intéresse au plus haut point la sécurité, le bien-être de toutes les classes sans distinction, et qu'il n'est pas une portion de la masse générale des richesses de la France qui soit plus utilement appliquée à un intérêt commun.

Ce n'est pas le lieu d'expliquer, de justifier la co-existence de ces deux divisions nationales : les travailleurs libres ou le public, les travailleurs organisés ou l'administration. Nous l'acceptons comme un fait universel sur le globe et qui est destiné sans doute à s'y perpétuer.

En réalité, chaque peuple renferme et renfermera toujours probablement une administration et un public, c'est-à-dire deux sociétés : l'une dont l'intérêt commun est la loi suprême, où le principe de l'hérédité ne distribue pas les positions, qui classe les travailleurs d'après leur mérite, et les rétribue d'après leurs œuvres, et qui compense la modicité des salaires par leur fixité et surtout par l'honneur et la considération ; l'autre, composée de propriétaires, de capitalistes, de maîtres et d'ouvriers, dont la loi suprême est celle de l'héritage, dont la règle principale de conduite est l'intérêt personnel, dont la concurrence et la lutte sont les élémens favoris.

Ces deux société se servent mutuellement de contre-poids ; elles agissent et réagissent continuellement l'une sur l'autre. La tendance du public est d'introduire dans l'administration le principe d'émulation qui lui manque ; le penchant de l'administration, conforme à sa mission, est d'introduire de plus en plus dans la grande masse du public des élémens d'ordre et de prévoyance. Dans cette double direction, l'administration et le public se sont rendus et se rendent journellement des services réciproques.

C'est à l'intervention du public, au droit de surveillance qu'il a conquis dans les travaux de l'administration que l'on doit la publicité des comptes, l'adjudication aux enchères des fournitures et des grands travaux; on lui doit le principe de tolérance religieuse qui domine la constitution, les examens et les concours pour les écoles spéciales, l'admissibilité de tous aux emplois de l'État, la liberté de la presse, la nécessité des grands services nationaux pour l'entrée dans la Pairie.

De même, le public doit à la sollicitude de l'administration des mesures protectrices qui assurent à ses travaux et aux classes qui le composent des avantages que seule elle pouvait lui procurer. C'est ainsi que la nouvelle comptabilité du Trésor, qui date de l'Empire, a été une source d'immenses économies pour tous les contribuables. Déjà, sous Louis XIV, *la Caisse de retraite et de secours des invalides de la marine* avait soumis à un système d'ordre et de prévoyance l'industrie spéciale des gens de mer. De nos jours, l'institution des caisses d'épargne est un pas fait dans la même voie, en faveur de toutes les classes ouvrières. La création des banques, d'un système unitaire de poids et mesures, l'institution de l'Ecole polytechnique, les cours gratuits, les écoles industrielles, les écoles primaires, les salles d'asile, ouvertes dans les principales cités, et les mesures d'hygiène publique à l'égard desquelles cependant il reste encore beaucoup à faire, ont mis de nouveaux élémens d'ordre et de prévoyance à la portée d'un grand nombre de travailleurs de toutes les conditions.

§ V. Du système de gouvernement qui tend a s'établir.

Nous sommes loin de croire que la source des bienfaits que l'administration est appelée à répandre dans l'industrie privée soit tarie. Nous pensons au contraire que ce qui a été fait jusqu'à ce jour n'est que le prélude de ce qui se fera. Et nous ne sommes entrés dans tous ces développemens, à vrai dire, que pour exprimer à cet égard notre profonde conviction.

Dans un état de choses régulier, calme, l'administration doit souvent intervenir dans l'industrie privée. Le public lui-même réclame alors cette intervention. Il répond au bon vouloir de l'autorité par de la confiance, du respect, et rend la tâche du gouvernement facile par son concours loyal. Mais malheureusement tel n'est pas aujourd'hui l'état des esprits. Nous sortons à peine d'une ré-

volution qui a développé à l'excès le sentiment de la défiance, de
l'envie, le besoin d'une liberté ombrageuse et sans frein. La sollicitude de l'administration est suspecte dès qu'elle s'occupe des intérêts privés. On nie ses lumières, on soupçonne au fond des
meilleures mesures l'intrigue et la corruption ; à l'apparence de
l'ordre on crie à la tyrannie, enfin, il y a une portion considérable
du public qui ne veut pas que l'administration s'occupe de lui. Et
c'est à cette disposition aveugle, mais opiniâtre, autant qu'aux intérêts froissés, qu'il faut attribuer l'insuccès de tant de mesures, et
la stérilité, l'impuissance du pouvoir dans la ligne où, par instinct
et à son insu peut-être, il est engagé. On peut affirmer que, sans
la crainte des prochaines élections et sans l'exemple de l'Autriche
et de la Russie, la loi des chemins de fer elle-même n'eût pas encore été votée cette année.

Ainsi, d'une part, les perfectionnemens intérieurs de l'administration ont depuis long-temps été négligés ; de l'autre, l'industrie
privée entrave l'action législative par les divergences, les prétentions exorbitantes de ses intérêts, et surtout par la méfiance qu'elle
oppose à l'intervention de l'autorité.

N'est-ce pas un double signe du changement prochain qui se
prépare dans la politique? N'est-il pas évident que si la Pairie
prenait l'initiative de ce changement, elle trouverait l'opinion, le
cabinet, la majorité préparés?

Remarquons bien qu'il ne s'agit pas d'obliger l'État à abandonner les projets qu'il élabore ; mais tout en lui laissant conduire à
bonne ou mauvaise fin les travaux commencés, de diriger cependant ses plus précieux efforts dans une voie où il n'aurait pas contre
lui les soupçons, les répugnances publiques, et où l'administration,
s'attaquant à elle-même, serait assurée de fonder, sans obstacle sérieux, quelque chose de grand et de fécond.

Nous montrerons bientôt quel secours la nouvelle constitution
de la Pairie lui offre particulièrement dans cette direction, quelle
harmonie admirable existe entre le but qu'elle doit poursuivre,
l'œuvre qui l'élèvera définitivement au rang qui lui appartient, et
l'origine de son existence, la loi de son renouvellement.

Mais continuons notre examen. Le système de gouvernement
que la Pairie nous paraît devoir appuyer unanimement de sa
haute influence et qu'elle est appelée à introduire dans la gestion
des affaires, consiste donc en ceci :

Ne plus s'occuper EXCLUSIVEMENT *des mesures qui tendent à régenter l'industrie, et qui mettent l'administration en contact avec les intérêts privés du public ;* S'APPLIQUER PRINCIPALEMENT, AU CONTRAIRE, A COMPLÉTER ET A PERFECTIONNER LES ROUAGES INTÉRIEURS DE L'ADMINISTRATION.

La première partie de cette proposition nous semble suffisamment justifiée par ce qui précède. Développons la seconde.

La Pairie, à notre avis, doit se demander deux choses :

Premièrement, si en dehors des intérêts privés, l'administration n'a pas dans son propre sein des lacunes à remplir, des institutions à créer qui rendraient le jeu de son mécanisme plus souple, plus puissant, plus économique.

Secondement, si l'établissemens de ces institutions ne serait pas approuvé par le public, si ce ne serait pas un moyen sûr de popularité, un moyen d'obtenir que plus tard la confiance commune acceptât et désirât même sa participation à la haute surveillance et à la direction des intérêts privés.

Ces deux points paraissent également inconstestables ; pour nous en convaincre, examinons successivement quelles conséquences produirait le nouveau système dans l'ordre de l'enseignement et dans l'ordre des intérêts matériels.

§ VI. INFLUENCE DU NOUVEAU SYSTÊME DANS L'ORDRE DE L'ENSEIGNEMENT.

La loi sur les *écoles secondaires,* présentée il y a dix-huit mois et non discutée, est une des nombreuses mesures par lesquelles le pouvoir a voulu introduire un meilleur mode de réglement des intérêts privés et qui ont été repoussées, dénaturées, ou simplement enterrées dans l'indifférence et l'oubli. Cette loi, depuis dix ans, était réclamée de toutes parts ; on demandait à l'Etat de réaliser enfin cette promesse de la Charte, de régler la liberté de l'enseignement privé. Mais au moment où il répondait à cet appel, l'esprit de méfiance reprenait le dessus.

Nous n'examinerons pas si les attaques dirigées par le haut clergé étaient légitimes ou si elles étaient provoquées par un malentendu, si elles portaient sur des points que le ministère lui-même eût consenti à amender. Ceci peut faire l'objet d'un doute.

Mais ce qui n'est pas douteux, ce qui est évident, c'est que si, au lieu de s'occuper de l'éducation des particuliers, l'État avait porté sa sollicitude sur l'instruction spéciale de ses fonctionnaires, s'il avait voulu compléter l'institution de l'École polytechnique, sur laquelle nous ne pensons pas qu'il y ait deux opinions, par l'établissement d'une école des sciences morales et politiques; s'il avait voulu en outre, pour obtenir de ses employés de plus grandes garanties de savoir et d'habileté, créer dans tous les ordres de services des *écoles d'application* semblables à celles des mines, des ponts-et-chaussées, de l'artillerie, de Saint-Cyr, de Saumur, de l'État-Major, des Elèves de marine à bord de l'Orion; les projets de loi qu'il aurait présentés auraient eu plus de chances de succès.

Tout le monde sait que les écoles spéciales sont la plus belle réalisation qui ait été faite encore du principe d'égalité. Les portes en sont ouvertes à tous sans exception. Il n'y a là ni privilége de naissance, ni faveur. On n'y peut être admis que par des examens. C'est par des examens et au concours que se règlent les rangs dans l'intérieur des écoles ou dans l'administration à leur sortie.

L'opposition elle-même eût été obligée d'approuver l'application de cette discipline à la fois libérale et protectrice à tous les fonctionnaires qui n'y sont pas soumis encore; aux secrétaires d'ambassade, aux ministres, chanceliers, consuls et chargés d'affaires, aux percepteurs et receveurs, aux sous-préfets, secrétaires, conseillers de préfecture et préfets. Elle aurait approuvé l'établissement d'une ÉCOLE DIPLOMATIQUE, d'une ÉCOLE FINANCIÈRE, d'une ÉCOLE ADMINISTRATIVE, écoles non *théoriques*, mais D'APPLICATION, organisées sur le modèle de celles de Metz, des Ponts-et-Chaussées, des Mines, des Eaux et Forêts et des Chartes. Elle l'aurait approuvé, sans nul doute, parce que l'opposition aurait compris que ces diverses créations fermaient la porte aux injustices, aux faveurs personnelles, contre lesquelles elle élève des réclamations si fréquentes et quelquefois fondées.

L'administration en même temps aurait gagné à ces institutions un surcroît de force et de légitime influence; car l'estime, la confiance s'attachent d'autant plus sûrement aux emplois publics que ceux qui les exercent ont donné plus de preuves d'instruction et de capacité.

Il ne vient dans l'esprit de personne de douter de l'instruction d'un officier d'artillerie, d'un officier de marine, d'un ingénieur géographe, d'un ingénieur des ponts-et-chaussées et des mines; tandis que l'on doute malheureusement, très-souvent à tort, mais on doute enfin de l'instruction de nos diplomates, de la science de nos financiers, de la capacité, de l'indépendance de nos administrateurs. Et pourquoi? C'est que les nominations aux fonctions de ministre plénipotentiaire, de secrétaire d'ambassade, de percepteur, de payeur, de sous-préfet ou de préfet, ne sont pas suffisamment justifiées aux yeux du public. Nul ne sait d'où ils viennent, comment ils ont acquis les connaissances et l'expérience qui leur sont nécessaires. On a vu tant d'exemples de hauts emplois diplomatiques ou administratifs donnés de prime-abord à des hommes nouveaux, étrangers aux travaux qu'ils allaient diriger, et qui n'avaient d'autres titres qu'un succès de tribune, des nécessités de majorité ou d'élections, ou seulement un lien de parenté avec le ministère, ou même avec l'opposition, qu'il s'est établi dans le public une opinion, un préjugé, si l'on veut, très-défavorable au mode actuel de répartition de tous ces emplois. Des fonctionnaires sans crédit, sans consistance, qui ne sont puissans que par le pouvoir matériel que leur place met dans leurs mains, et non par le respect, par la considération que l'opinion publique y attache, ne prêtent, dans les temps de crise, qu'un appui misérable au pouvoir. Avec beaucoup de zèle, d'activité, de courage même et de dévoûment, ils voient leurs meilleures intentions travesties, les mesures les plus utiles devenir suspectes et accroître la malveillance.

En parlant d'école diplomatique, d'école administrative, d'école financière, nous exprimons une opinion personnelle sur un mode d'enseignement qui peut faire l'objet d'un doute, nous le reconnaissons. Mais il y a un point qui ne saurait être douteux, c'est la nécessité d'une garantie de savoir et de capacité, d'une règle invariable qui prenne la place de la faveur.

Les ministres eux-mêmes l'ont déjà senti. Sous le ministère de M. Passy, une ordonnance a soumis à certaines conditions l'admission aux places de percepteurs des diverses classes. Des mesures analogues ont été introduites à différentes époques dans les postes et dans les domaines. Ainsi, peu à peu et par des moyens bien imparfaits, sans doute, les chefs de l'administration ont cherché à diminuer les embarras que leur causent des sollicitations sans fin, et à réduire dans la même proportion les ennuis des députés qui en sont les interprètes obligés.

Le besoin de règles d'admission, de garanties sérieuses de capacité est donc universel, et il ne peut y avoir de divergence d'opinion que sur le choix du moyen qui doit le satisfaire.

L'Etat peut instituer des écoles internes comme l'École poly--
technique. Il peut se borner à l'établissement d'Écoles externes
comme celles-de droit et de médecine. Il peut enfin abandonner
le mode d'instruction au choix des individus et des familles, et
n'exiger des candidats que des examens et des concours.

C'est ce dernier système qui est suivi en Prusse, où il a produit,
comme on sait, des résultats infiniment remarquables. Nous concevons donc qu'il ait des partisans. Seulement, nous croyons qu'en
France le système des Écoles, et des Écoles internes surtout, est
préférable. C'est le mieux approprié au génie de nos institutions, qui centralisent dans la capitale tous les services non-seu-
ment diplomatiques, mais administratifs et financiers, et y ras-
semblent sur ces matières importantes un foyer d'exemples et de
lumières que la jeunesse ne saurait trouver dans aucune autre lo-
calité. C'est le mode qui offre aux familles et au public, le plus
d'avantages sous le rapport de l'ordre, de la moralité et de l'économie. C'est le mode qui inspirerait le plus de confiance, qui exci-
terait dans les masses le sentiment le plus vif de reconnaissance
envers le pouvoir, et qui flatterait au plus haut degré l'orgueil national par son caractère de grandeur. C'est le mode enfin qui nous
paraît à la fois le plus démocratique et le plus gouvernemental,
c'est-à-dire le plus français.

Mais nous avons fait assez comprendre quelle carrière nouvelle
ouvrirait dans cette direction le système nouveau de gouvernement
que nous croyons destiné à intervenir dans les affaires.

Venons aux intérêts matériels.

§ VII. Influence du nouveau système dans l'ordre des travaux matériels.

Ici la distinction que nous avons observée dans l'enseignement se représente avec plus de force et plus d'évidence peut-être.

En effet, toutes les fois que le gouvernement prononce le mot
de remaniement du tarif, ou fait pressentir qu'il s'occupe d'un
traité spécial de commerce avec l'Angleterre, ou qu'il poursuit un
plan d'union douanière avec la Belgique, il soulève les alarmes et
les récriminations des intérêts privés, il provoque des orages qu'il ne
peut conjurer plus tard qu'à la condition d'abandonner ses projets.

Mais au lieu de s'attacher exclusivement à des objets qui, froissant
en réalité ou en apparence les intérêts de certaines classes du public,

excitent d'inévitables défiances, si l'administration s'occupait de ses propres affaires sur lesquelles personne ne lui refusera des lumières spéciales; si, au lieu de vouloir organiser sur des bases nouvelles les rapports de telle ou telle industrie avec la masse du public, elle se proposait de s'organiser elle-même sur quelque point nouveau où elle ne jouit encore que de moyens imparfaits de surveillance et d'action; ses projets seraient accueillis par les Chambres, par le public lui-même avec plus de faveur et auraient pour eux de grandes chances de succès.

C'est ainsi que les élémens d'organisation introduits parmi les *conducteurs* des ponts-et-chaussées, et dans le service médical et pharmaceutique, ont mérité l'approbation générale. Tout le monde a apprécié les nouveaux développemens qu'a reçus le principe du classement hiérarchique dans les armées de terre et de mer, et les facilités nouvelles données aux sous-officiers pour conquérir les épaulettes. De même, l'organisation de compagnies de travailleurs, dans le corps du génie et dans la ligne, pour la construction des fortifications de Paris, et dans les troupes de toutes armes, en Algérie, pour l'établissement des routes et les approvisionnemens en fourrages, ont trouvé dans l'opinion un appui sympathique.

Aujourd'hui, les immenses travaux des chemins de fer dont l'État se trouve chargé appellent des institutions analogues. Le corps des ponts-et-chaussées, c'est-à-dire le génie de la production, n'a ni ateliers, ni matériel organisé, ni compagnies fixes de travailleurs. Tout cela est à créer.

On a beaucoup agité dans ces derniers temps la question d'appliquer l'armée aux travaux publics. Le résultat de la controverse et des essais qui ont été tentés, est au moins douteux. Tout ce qu'on peut dire, c'est qu'il y a dans la composition même de l'armée, dans sa discipline, dans son esprit de corps, dans ses préjugés même, de graves obstacles à ce qu'elle se soumette régulièrement à la direction des ingénieurs des ponts-et-chaussées. Le travail n'est pas économique. Enfin la solution de cette grande question n'est pas encore trouvée.

Mais à côté de cette question, il en est une autre qui serait bien près d'être résolue le jour où l'administration aurait le courage de la poser : c'est l'organisation de compagnies fixes de terrassiers, de pontonniers, c'est-à-dire d'un corps d'ouvriers, permanent et spécial aux travaux publics.

L'alliance, le mariage d'où vont naître nos chemins de fer, suivant l'expression de M. Duchâtel, va mettre le corps des ponts-et-chaussées en contact perpétuel avec les entrepreneurs de l'industrie. Nous savons que la probité des ingénieurs est à l'abri de tout reproche et de tout soupçon ; mais il est des abus, des séductions même impossibles que la prudence publique est condamnée à prévoir, et auxquels elle ne doit pas donner le moindre prétexte.

Ce qui contribue le plus à perpétuer dans les rangs de l'armée le sentiment de l'honneur et de la dignité, c'est qu'il y a pour les chefs un peuple qu'ils commandent et devant qui ils se respectent, parce qu'ils sentent que de la considération et de l'estime qu'ils inspirent dépendent le dévoûment, l'obéissance de leurs subordonnés.

Les ingénieurs des ponts-et-chaussées ont des chefs, des supérieurs, et n'ont pas de subordonnés ; ou plutôt ils n'ont pour subordonnés que des sous-officiers (les conducteurs), ils n'ont pas de peuple, ils n'ont pas de soldats, de compagnies fixes de travailleurs. Il faut les leur donner dans l'intérêt même de l'institution.

Ne conviendrait-il pas enfin que les ponts-et-chaussées eussent leur matériel, comme l'artillerie a ses parcs, le génie ses arsenaux et l'armée tout entière ses équipages ?

Quand on considère non-seulement le personnel de la guerre, mais son matériel, et que l'on pense à la vue d'une flotte qui appareille ou d'une armée qui entre en campagne à la masse d'objets manufacturés, d'armes, d'instrumens, de fournitures de toute sorte que cela suppose dans les magasins et dans les arsenaux, on est émerveillé. Là tout est prévu, au moindre signe du télégraphe, tout est prêt. Qu'il faille embarquer la cavalerie, opérer une descente, bombarder un port ou une flotte ; qu'il faille passer des fleuves, percer une forêt, élever des redoutes ou des blockaus, camper dans le désert, convoyer des blessés ou des malades, quelque but que l'armée veuille atteindre, tout marche avec ordre, les arsenaux se vident ; l'intendance met en campagne ses fourgons, ses équipages, ses soldats du train, ses chameliers et ses infirmiers.

Pour les grands travaux civils, c'est le contraire qui a lieu. Il n'y a pas d'arsenaux, pas de magasins, pas d'ateliers, pas de cadres, pas d'ambulances, pas de matériel. Rien n'est prévu ; rien n'est prêt. Quand l'utilité publique réclame des mesures urgentes,

comme dans le cas des débordemens de rivières, des éboule-
mens de montagnes, de la chute des ponts, ou des premiers travaux qui nécessite en Algérie, par exemple, l'établissement de
nouvelles colonies agricoles, il faut tout demander à l'industrie
privée et tout attendre du hasard.

Et pourtant nul ne contestera que les travaux utiles, les grands
travaux productifs, constituent désormais un fait permanent,
dont l'importance doit s'accroître au lieu de diminuer, et qui appelle, dans l'intérêt du public, une organisation aussi complète,
aussi perfectionnée que celle que l'importance de la guerre à une
autre époque a introduit dans les armées de terre et de mer.

Les chemins de fer, l'Algérie, les colonies, offrent à l'administration un vaste champ de travail et de gloire, où elle a pleine
carrière. Là, c'est sur elle-même qu'elle doit agir, c'est sa propre
organisation qu'elle doit améliorer, compléter. Nul ne contestera
que ce ne soit son devoir et son droit. Et si ses travaux sont encore l'objet de soupçons et d'attaques, c'est avec quelque espoir d'en
triompher du moins qu'elle pourra les entreprendre.

§ VIII. La pairie. — Considération générale.

On comprend quel rapport intime existe entre les développemens qui précèdent et le sujet qui nous occupe.

Dès que l'administration agit sur elle-même pour améliorer son
mécanisme intérieur et créer les rouages qui lui manquent, la
Chambre des Pairs est l'assemblée qui renferme sur ces matières
spéciales le plus de lumières, d'expérience pratique, et elle est en
droit d'exiger que le cabinet lui soumette d'abord ses projets de
loi.

Dira-t-on qu'une pareille préférence, quelque légitime quelle soit,
excitera l'envie et la rivalité de la Chambre élective. Cette crainte
aurait pu se concevoir avant la discussion sur la loi de Régence.
Mais la Pairie a pris dans cette circonstance une attitude qui doit
la dissiper.

En acceptant unanimement la préférence ministérielle qui fit
porter d'abord cette loi importante au Palais-Bourbon, en justi-
fiant cette démarche par la bouche d'un de ses membres les plus
illustres, M. le duc de Broglie, la Pairie a admis que dans les objets
relatifs à la Constitution, le premier rôle revenait de droit à la
Chambre des Députés; qu'il appartenait à la Chambre des Députés

de dominer dans la politique constituante, et c'est en ce sens seulement qu'il faut entendre cet axiôme par lequel on caractérise
l'ordre de choses qui s'est perpétué depuis 1830 : *le gouvernement
du pays par le pays.*

Mais en dehors de la politique constituante il y a les *affaires;* et
les affaires sont de deux sortes, elles intéressent directement les
travaux du public ou de l'administration. Si la Pairie, par considération pour l'origine populaire de la monarchie, abandonne
momentanément à la députation l'initiative des lois organiques et
l'impulsion gouvernementale, la députation ne saurait refuser rai-
sonnablement à la Pairie l'impulsion administrative et la prépondérance qui lui reviennent de droit, momentanément au moins, dans
les affaires.

L'infériorité de la Pairie, que l'on peut, à la rigueur, comprendre
et excuser en temps de révolution, n'est plus justifiée par rien,
dès qu'à des jours de convulsions violentes succèdent le calme
et l'ordre. Elle est contraire à la constitution qui a établi l'équilibre et l'égalité dans le parlement. Elle devient, si elle se perpétue,
un danger et un malheur publics.

N'est-ce pas un malheur public que cet état d'anarchie des esprits, cette agitation sans but qui paralyse les forces de la Chambre élective et depuis le triomphe de la coalition plonge les affaires de la France dans la stagnation et la langueur? D'où vient
cette anarchie fatale, sinon de l'absence de frein et de contre-poids?
La Chambre des Députés se serait-elle à ce point enivrée de sa
propre puissance, si la Chambre des Pairs n'avait abdiqué la
sienne? Aurait-elle oublié si long-temps qu'elle n'était pas seule,
si, à côté d'elle, un pouvoir égal lui avait fait sentir que lui aussi
était le patron naturel de tous les intérêts généraux?

La prépondérance exclusive de la Chambre des députés lui est
donc aussi nuisible, aussi fatale qu'à la Chambre des Pairs; et c'est
travailler dans l'intérêt du Parlement tout entier que d'introduire
entre ses divers élémens la loi de l'équilibre et de l'égalité.

La faiblesse de la Pairie, il faut l'avouer, tient surtout aujour-
d'hui à l'opinion qu'elle-même s'en est faite. La plupart de ses
membres considèrent encore l'hérédité comme un élément de
force, et la suppression de ce principe comme l'origine et la cause
permanente du rôle subalterne auquel l'institution est condamnée.
Avec l'hérédité, la Pairie représentait principalement la grande
propriété. Ce principe ayant disparu, on s'est demandé ce qu'elle

allait représenter désormais. Et, jusqu'à ce jour, le corps lui-même n'a pas eu conscience de former dans l'État quelque chose d'assez grand, d'assez puissant pour balancer l'espèce de suprématie que la Révolution de Juillet, la réforme de la Charte et le vote annuel du budget ont attribué à la Chambre élective.

De là est né une sorte de langueur, un découragement qui, s'il devait subsister, formerait peut-être le plus grand obstacle à ce que la Pairie saisît le rang et les attributions auxquels elle a droit. C'est en vain qu'une occasion favorable se présentera si elle juge que le principe de sa Constitution lui interdit toute espérance, si elle n'a d'énergie que pour les regrets.

Mais ces regrets que l'opinion repousse, qui n'obtiendront rien de l'avenir, ces regrets sont-ils légitimes? Est-il vrai que le principe héréditaire soit indispensable à l'établissement de la Pairie en France? Est-il vrai que dans sa Constitution présente, elle ne renferme aucun germe de vie? Est-il bien exact de dire enfin que depuis qu'elle ne représente plus la grande propriété, elle ne représente rien?

L'étude que nous avons faite de l'organisation de la France, des deux grands élémens dont se compose désormais sa nationalité, permet d'envisager ces questions sous un jour tout nouveau.

Nous avons dit qu'il existait en France deux sociétés, soumises à des principes différens, mais qui concourent au même but et dont l'importance est égale : l'administration et le public.

Il existe dans le Parlement deux assemblées. Voyons par quelle affinité, par quel lien particulier la Constitution de chacune d'elles se rattache à cette grande division nationale.

§ IX. Constitution de la pairie.

Depuis la loi de 1831, la Pairie n'est plus conférée par droit de naissance, elle est le prix de hauts services publics. Le Roi, à qui appartient la nomination des Pairs, doit nécessairement les choisir dans les notabilités suivantes :

Le président de la Chambre des Députés et autres Assemblées législatives;

Les Députés qui ont fait partie de trois législatures ou qui comptent six ans d'exercice;

Les maréchaux et amiraux de France;

Les lieutenans-généraux et vice-amiraux des armées de terre et de mer, après deux ans de grade;

Les ministres à département;

Les ambassadeurs, après trois ans, et les ministres plénipotentiaires, après six ans de fonctions;

Les conseillers-d'État, après dix ans de service ordinaire;

Les préfets de département et les préfets maritimes, après dix ans de fonctions;

Les gouverneurs coloniaux, après cinq ans de fonctions;

Les membres des conseils coloniaux électifs, après trois élections de présidence;

Les maires des villes de 30,000 âmes et au-dessus, après deux élections au moins comme membre du corps municipal, et après cinq ans de fonctions de maire;

Les présidens de la Cour de cassation et de la Cour des comptes;

Les procureurs-généraux, après cinq ans de fonctions en cette qualité;

Les conseillers de la Cour de cassation et les conseillers-maîtres de la Cour des comptes, après cinq ans; les avocats-généraux près la Cour de cassation, après dix ans d'exercice;

Les premiers présidens des Cours royales, après cinq ans de magistrature dans ces Cours;

Les procureurs-généraux près les mêmes Cours, après dix ans de fonctions;

Les présidens des Tribunaux de commerce dans les villes de 30,000 âmes et au-dessus, après quatre nominations à ces fonctions;

Les membres titulaires des quatre Académies de l'Institut;

Les citoyens, à qui par une loi et à raison d'éminens services, il a été nominativement décerné une récompense nationale;

Les propriétaires, les chefs de manufacture et de maison de commerce et de banque, payant 3,000 francs de contributions directes, soit à raison de leurs propriétés, soit à raison de leurs patentes, depuis cinq ans, lorsqu'ils ont été pendant six ans membres d'un conseil-général ou d'une chambre de commerce;

Enfin, les propriétaires, les manufacturiers, commerçans ou banquiers, payant 3,000 francs d'impositions, qui ont été nommés députés ou juges des Tribunaux de commerce.

Ainsi, la Chambre des Pairs ne doit plus renfermer désormais que les plus hauts fonctionnaires soit des armées de terre et de mer, soit de l'ordre administratif ou judiciaire, soit de la diplomatie et des finances publiques, fonctions auxquelles on ne peut parvenir qu'en réunissant les conditions d'un long apprentissage et d'un talent supérieur. Si les illustrations des arts, des lettres et des sciences y ont accès, c'est à titre de membres de ces sociétés d'élite qui, par leur organisation et leurs priviléges, se rattachent à l'administration de l'État. Si les grandes fortunes territoriales ou industrielles y sont admises, c'est à la condition d'y joindre des services sérieux d'administration locale ou de justice consulaire.

Il n'est donc pas juste de dire que la Pairie en France, depuis sa nouvelle constitution, ne représente rien ; elle représente, au contraire, quelque chose de plus élevé, de beaucoup plus imposant que ce qu'on a coutume d'appeler la grande propriété; elle représente la société organisée, l'*administration* ; et elle la représente de la manière la plus respectable et la plus populaire, puisqu'elle réunit dans son sein toutes les sommités, tous les chefs de service, qui n'ont pu conquérir la position élevée qu'ils occupent qu'à force de patience, de courage et d'habileté pratique.

De même que la chambre des Pairs représente l'administration, la chambre des Députés représente le public.

Vainement le nombre des fonctionnaires qu'elle renferme tend-il chaque jour à s'accroître. Ces fonctionnaires, qui les envoie? qui les nomme? Les électeurs. Et d'où les électeurs tiennent-ils le droit de les nommer? De leur qualité de propriétaires, de manufacturiers, de commerçans, c'est-à-dire de membres de la grande société libre, du public.

Cette diversité d'origine et de nature des deux assemblées fait déjà entrevoir qu'elles doivent posséder dans les travaux législatifs des prérogatives différentes.

Quand il est question d'affaires qui intéressent directement le public, la chambre élective doit avoir le pas sur la chambre des Pairs.

Au contraire, quand il est question d'affaires qui intéressent directement l'administration, la Chambre des Pairs doit avoir le pas sur la Chambre des Députés, non en honneurs ; les deux corps sont égaux et doivent éternellement l'être, mais dans l'ordre des travaux.

La seule raison indique, en effet, que la distribution des projets de lois entre les deux corps délibérans qui sont appelés à prendre une égale part à leur discussion, ne saurait être l'effet du hasard, que c'est la spécialité propre à chacun d'eux qui doit gui der la préférence des membres du cabinet, et qu'il y a avantage pour tout le monde à ce qu'un projet soit d'abord débattu et complété là où il existe le plus de lumières spéciales pour l'apprécier et le plus de chances par conséquent pour qu'il soit conduit à sa perfection.

La Chambre des Députés depuis 1830 a vécu de la vie révolutionnaire qui, un moment, avait réuni tous les pouvoirs dans son sein; elle a voulu tout constituer, tout fonder; mais, au risque de détruire son propre ouvrage, il faut bien qu'elle se modère, qu'elle abandonne cette omnipotence temporaire que des circonstances exceptionnelles et la loi de la nécessité ont pu seules justifier, et qui, si elle se prolongeait, ne serait plus qu'une usurpation inexplicable et la mort du régime représentatif lui-même.

§ X. Du régime représentatif français.

Quel est donc en France le régime représentatif?
Le voici :
L'ADMINISTRATION, LA SOCIÉTÉ QUI REPOSE SUR LA HIÉRARCHIE, NOMME HIÉRARCHIQUEMENT, DE HAUT EN BAS, SES RÉPRÉSENTANS;

LE PUBLIC, LA SOCIÉTÉ QUI REPOSE SUR LA LIBERTÉ, ÉLIT LES SIENS DÉMOCRATIQUEMENT, DE BAS EN HAUT;

ET LES DEUX ASSEMBLÉES SE RENCONTRENT ET S'ENTENDENT AVEC LE POUVOIR EXÉCUTIF SUR TOUTES LES MESURES QUI CONCERNENT LES INTÉRÊTS COMMUNS.

Voilà le système vraiment national de la représentation française, tel que l'ont fait notre esprit, nos mœurs et surtout notre révolution.

Les personnes qui, voyant dans la Charte deux Chambres et un Roi, croient qu'il faut chercher tous nos antécédens, tous nos perfectionnemens constitutionnels en Angleterre, se trompent. Ils ne voient que la forme; mais le fond, qui est bien différent, détruit toute analogie.

En Angleterre, la Chambre des Lords représente la plus puissante aristocratie terrienne du globe. Et de même que les priviléges de cette aristocratie se perpétuent par la naissance et par ordre de primogéniture, de même la Pairie, qui n'est que la haute expression de ces priviléges, est héréditaire et doit légitimement l'être. La Chambre des Communes ne réunit pas les députés de l'Angleterre, mais les représentans des villes et des comtés qui jouissent de leurs priviléges aussi bien que l'aristocratie, priviléges différens selon les localités. Ainsi, en Angleterre, tout est spécial et individuel ; il n'y a ni droit commun, ni égalité, et les deux Chambres, dévouées à la défense de priviléges appartenant à des classes différentes, sont avant tout constituées pour la lutte. Il n'existe d'autre lien entre elles que l'élément aristocratique introduit dans l'assemblée des communes par les élections de comté. Mais ce lien constitue lui-même une sorte de domination contre laquelle l'esprit démocratique se révolte. Il est impuissant pour établir l'accord. La lutte entre la Chambre basse et la Chambre haute, tel est l'aspect général de la vie parlementaire anglaise.

On conçoit bien que chez nous un dissentiment puisse éclater sur quelque point d'intérêt général, comme cela a eu lieu dans la question du remboursement du 5 p. 100, mais une lutte permanente, systématique entre la Députation et la Pairie, ne serait justifiée ni par leur origine, ni par le but de leur institution, et pourrait entraîner les plus graves dangers.

Nos deux Chambres n'expriment pas des priviléges, des intérêts de castes opposées ; elles ont été constituées non pour la lutte, mais pour l'accord. Elles ont été le produit d'une volonté nationale unique, péniblement élaborée pendant cinquante années de révolutions qui ont détruit tous les priviléges des classes et des localités, et n'ont conservé dans la nation que cette grande division que nous avons indiquée : de *l'administration* et du *public;* d'une société fondée sur la hiérarchie et d'une société fondée sur la concurrence, et qui sont particulièrement représentées l'une par la Chambre des Pairs, l'autre par la Chambre des Députés.

Dira-t-on que le fait seul de l'existence d'une société hiérarchique et de sa représentation dans la Chambre des Pairs constitue encore parmi nous une aristocratie ? Nous en conviendrons si l'on veut, mais à la condition que l'on reconnaisse les points suivans :

Cette aristocratie, d'abord, loin de dominer la grande société qui l'environne, lui est soumise, c'est le public lui-même qui règle chaque année par le budget ses dépenses et ses émolumens.

Cette aristocratie n'a pas des intérêts distincts de ceux de la masse, puisqu'elle n'existe que pour administrer les intérêts communs. Elle ne possède aucun privilége de famille; ses ancêtres ne lui ont transmis aucuns droits, ses enfans n'en attendent aucuns. Et pour tout dire, en un mot, les rôles sont renversés. En France, entre la société aristocratique et celle qui ne l'est pas, c'est dans cette dernière, dans le public, comme nous l'avons observé, que se perpétue le privilége de la naissance et l'inégalité des conditions, tandis que l'autre (l'administration) est organisée sur le principe du talent et du travail. Ses rangs sont ouverts à tous sans exception; les distinctions ne s'y distribuent qu'à des services bien constatés, et dans la mesure de leur importance ou de leur durée. Si bien qu'on peut dire avec raison que si le public a fait la révolution, c'est l'administration qui la subit, qui la perpétue; c'est elle qui s'est modelée à son image; c'est par elle que le principe de l'égalité est devenu quelque chose de régulier, de positif, de véritablement national. Le public a inventé l'égalité; l'administration la pratique. Assurément si l'on tient à lui donner le nom d'aristocratie, il faut convenir au moins que c'est une aristocratie nouvelle qui ne ressemble à aucune autre, et que loin d'exciter l'envie ou la haine des générations futures, elle est destinée aussi bien que l'assemblée législative, qui en est la haute représentation, à jouir un jour de la plus grande popularité.

§ XI. Rôle de la pairie dans les affaires.

Nous avons dit que la Pairie nouvelle, pour devenir populaire et forte, devait avant tout accepter franchement le principe de sa constitution. La foi en elle ne peut venir que d'elle-même. Au lieu de regretter l'hérédité, il faut qu'elle s'honore d'être organisée et constituée sur la loi du mérite et des services publics. C'est là le nouvel esprit de corps qui lui permettra de prendre en face de la Chambre élective l'attitude et le rang auxquels elle a droit, et qui l'élèvera dans l'estime des peuples bien au-dessus de l'assemblée des lords anglais.

Dès le moment où la majorité de la Chambre des Pairs aura une complète conscience de la force de la nouvelle Pairie, de son véritable caractère et de sa destinée, elle comprendra bien vite quelle initiative lui revient légitimement dans les travaux législatifs, selon que les mesures intéresseront *directement* l'administration ou le public.

C'est cette distinction qu'il ne faut jamais perdre de vue qui doit présider au classement et à la distribution des projets de loi entre la Chambre des Pairs et la Chambre des Députés.

S'il s'agit, par exemple, de l'instruction, on comprendra que la loi des *écoles secondaires*, qui avait pour objet de fonder la liberté de l'enseignement, ait été portée d'abord à la Chambre des Députés. Il en serait de même pour toutes les créations d'écoles professionnelles ayant pour but de préparer la jeunesse aux travaux des arts, du commerce, de l'industrie.

Mais s'il était question d'organiser une ECOLE ADMINISTRATIVE, une ECOLE FINANCIÈRE, une ECOLE DIPLOMATIQUE, dans le but d'ouvrir ces diverses carrières à toutes les intelligences, de les mettre à la portée de toutes les situations sociales par la voie des examens et des concours, alors il ne serait ni juste ni raisonnable de porter d'abord de pareils projets à la Chambre des Députés, qui ne renferme pas sur les matières d'administration les lumières spéciales et l'expérience pratique de la Chambre des Pairs. Sur tous ces points, la Chambre élective doit jouer le rôle du public; elle doit juger et conseiller, mais elle doit, avant tout, laisser faire la Pairie.

Dans un ordre de travaux différens, il est juste que le budget, la révision des tarifs, les traités de commerce et généralement toutes les mesures financières soient d'abord débattues à la Chambre des Députés. Cependant, même en fait de finances, il est des réglemens qui sont plus de la compétence de la Chambre des Pairs. Dans le cas, par exemple, où l'on voudrait réaliser une institution qui préoccupe en ce moment le haut commerce et la banque, sous le titre : *D'une Caisse générale de retraite pour les travailleurs invalides*, il est bien évident, quoique cet établissement intéresse directement l'industrie privée, que son caractère organisateur et la création analogue que possède déjà le ministère de la marine, rendraient infiniment précieuses pour la combinaison des voies et moyens l'expérience administrative et les connaissances pratiques dont dispose la Pairie; car les deux assemblées ont la même tendance, le même penchant que les sociétés qu'elles représentent. La Pairie vise à introduire dans les entreprises de l'industrie privée des élémens d'ordre et de prévoyance, comme la Chambre des Députés vise à développer dans les services administratifs le principe de l'émulation.

Poursuivons.

Tant que l'industrie privée n'a pas eu une large part réservée

dans l'exécution des lignes de fer, tant qu'il s'est agi de la lui conquérir, cette question si long-temps ajournée était plus particulièrement du ressort de la Chambre des Députés, mais à présent que
cette part est faite et qu'il s'agit de savoir de quelle manière l'Etat
exécutera la sienne, la question devient plus particulièrement administrative et rentre dans la spécialité de la Chambre des Pairs.
Si le gouvernement, qui a déjà eu tant à se louer de l'institution
des *conducteurs embrigadés*, voulait saisir cette occasion naturelle
qui s'offre de compléter l'organisation des ponts-et-chaussées, en
donnant à cet état-major des travaux publics, une armée permanente d'ouvriers disciplinés, c'est à la Pairie d'abord qu'il devrait
soumettre son projet.

Il en est de même de la question de l'Algérie.

Tant qu'on a pu croire qu'il suffisait pour l'exploitation de ce
nouveau sol français, d'ouvrir ses ports et ses campagnes à l'industrie privée, le gouvernement a dû transporter les principales
discussions dans la Chambre élective, et croire que de son sein sor-
tiraient les lumières qui lui manquaient. Mais maintenant qu'il est
démontré que l'industrie privée par elle seule ne peut pas plus féconder l'Algérie, qu'elle n'a pu construire les grandes lignes de
fer; maintenant que l'intervention de l'État, là aussi, est appelée
par tout le monde, la question change de forme et d'objet. Il s'agit
de savoir de quelle manière l'État interviendra, de quelles ressources il peut disposer, quelle est la meilleure combinaison à leur
donner; difficultés administratives qui intéressent également les
deux assemblées, mais dont la solution est plus particulièrement
de la compétence de la Chambre des Pairs que de la Chambre des
Députés.

C'est la Chambre des Pairs, et non la Chambre des Députés, qui doit débattre la première tous les problêmes de gouvernement pratique et d'organisation administrative que soulève non-seulement la domination de l'Algérie, mais le choix
des meilleurs systêmes de travaux publics, de culture, de per-
ception d'impôts, d'administration de la justice, qui satisferont
à la fois les mœurs, les habitudes et les préjugés si opposés des co-
lons et des indigènes. C'est encore de la Pairie qu'il faut attendre
un bon système de propagation de l'étude du français parmi les
Arabes, de l'étude de l'Arabe et du Coran parmi les officiers et
fonctionnaires français, double effort que l'on n'a pas encore assez encouragé, et dont les conséquences seraient incalculables, car

la plus grande vérité qu'on ait dite sur l'Algérie, c'est que l'antipathie mutuelle des indigènes et des Français provient surtout de la difficulté matérielle de s'entendre.

§ XII. Suite du précédent.

Nous avons insisté d'abord sur la part que la Pairie pouvait réclamer légitimement dans les travaux législatifs, parce qu'elle forme en effet la plus importante et la plus précieuse de ses attributions. Mais ce serait se faire une idée bien incomplète de sa destinée, que de borner à cette participation plus étendue, ses devoirs et ses droits.

La Pairie représente l'administration, cette vaste association de travailleurs, cette société modèle et méritante, qui donne l'exemple de l'ordre dans toutes ses parties, l'exemple des plus hautes vertus dans les divers clergés, l'exemple du courage dans les armées de terre et de mer, qui veille à l'honneur national, qui élève les monumens des arts, qui juge les crimes, qui enseigne la jeunesse, qui encourage l'industrie, qui gère les finances, qui administre, qui négocie au nom de tous.

Par l'établissement de la Pairie nouvelle, c'est l'administration toute entière qui a été honorée, et qui a été appelée, dans ses membres éminens, à prendre une part indépendante à la confection des lois et au gouvernement de l'État. C'est le changement le plus considérable que la Révolution de Juillet ait introduit dans la Charte. C'est la plus belle institution que la démocratie ait fondée, dans un jour de prudence, car cette institution doit la sauver bientôt de ses propres écarts.

Le premier devoir de la Pairie est donc de protéger les droits légitimes de cette grande division nationale qu'elle représente, d'en grouper les élémens autour d'elle, d'établir entre tous les services publics dont elle rassemble les chefs dans son sein, un lien d'unité, un même esprit de corps, un même point d'honneur.

Aujourd'hui, les patrons des fonctionnaires sont généralement des députés, patronage irrégulier, dangereux, puisqu'il subordonne les représentans des intérêts généraux aux représentans des intérêts de localités. Les vrais patrons des fonctionnaires, ce sont les Pairs de France qui, pour la plupart, occupent ou ont occupé les plus hauts emplois, et que la nature de leurs travaux, aussi bien que l'origine de leur dignité, place au point de vue de l'ensemble, de l'intérêt général.

La Pairie doit veiller au maintien des réglemens, protéger les employés au point de vue du service et des droits du mérite, combattre avec énergie, avec persévérance les envahissemens de la faveur sous toutes ses formes, défendre enfin l'administration en face du public, dans l'intérêt du public lui-même, qui exige d'elle de la dignité pendant qu'il cherche à l'avilir, de l'intégrité pendant qu'il l'accable de sollicitations, qui la veut laborieuse et qui paralyse par ses éternelles défiances les réformes et les créations indispensables à sa prospérité.

Il est des obligations que la Pairie contracte envers elle-même, et qui n'ont pas moins d'importance.

La Pairie doit contribuer à la composition des cabinets. C'est un droit que nul ne conteste. Seulement sa part, jusqu'à ce jour, a été la plus faible, elle a dû subir sur ce point encore les empiètemens de la députation ; et il était juste qu'il en fût ainsi tant que la *politique constituante* a dominé, tant que l'on a vécu de la vie révolutionnaire, tant que l'impulsion est venue du public.

Aujourd'hui la constitution est achevée, les passions se calment, la *politique des affaires* domine. Non seulement le public n'imprime plus l'impulsion, la vie au pouvoir, mais il est même hors d'état de s'entendre sur ses propres affaires, et il en est venu à un tel point d'incertitude et de contradiction sous ce rapport, qu'il oblige le pouvoir, comme nous l'avons vu, à diriger sa principale sollicitude vers les réformes et les créations administratives, qui n'intéressent pas moins le bien général, il est vrai, quoique d'une manière indirecte. Dès lors, les nécessités ministérielles changent d'aspect. La tactique parlementaire, l'art de décomposer, de recomposer les partis et de captiver un auditoire, ne peuvent plus être considérées comme les qualités principales d'un bon ministre. Ce qu'il faut exiger, avant tout, ce sont les qualités de l'administrateur, c'est que le dépositaire du pouvoir s'entende aux affaires de son département, qu'il y ait parcouru les rangs inférieurs pour en apprécier les détails, qu'il s'y soit élevé aux plus hauts emplois afin d'en pouvoir embrasser l'ensemble.

Le maréchal Soult, l'amiral Duperré ne sont pas réputés pour leur habileté ou leur éloquence parlementaire ; qui oserait dire cependant que l'un n'est pas un bon ministre de la guerre, l'autre un bon ministre de la marine ?

Mais est-il vrai que l'administration soit incompatible avec l'éloquence? N'avons-nous pas vu surgir tout-à-coup de son sein des maîtres de la parole? Et qui pourrait mieux parler des affaires publiques, en effet, que ceux qui ont l'habitude de les traiter? Où trouver plus de souplesse, de clarté, de concision, de raison pratique et concluante? Et qui oserait dire que les Molé, les de Broglie ne sont pas dignes de lutter contre les illustrations du journalisme et du barreau?

La Pairie, renfermant dans son sein l'élite des hauts fonctionnaires de chaque département pourrait offrir à elle seule, à la rigueur, les hommes d'État les plus capables de les diriger tous. La situation générale de la politique, la nature des intérêts dominans, le nouveau système qu'elle doit faire triompher, exigent d'elle que dans la composition ou le remaniement du cabinet que l'avenir peut amener, elle réclame désormais une part d'influence plus considérable, plus en harmonie avec le rôle éminent que la pratique des affaires l'appelle à remplir dans leur gestion.

Enfin il est un dernier soin délicat, mais légitime, impérieux, que la Pairie doit à son propre honneur, à sa propre dignité.

Bien qu'aucun droit officiel de surveillance ne lui ait été attribué dans le renouvellement de ses membres, la loi n'a pas entendu qu'elle assistât passive et indifférente au mystère de sa propre composition. Elle seule peut juger de la limite où de hautes convenances doivent contenir ses démarches. Mais chacun de ses membres approche individuellement le monarque. Le respect n'interdit ni les craintes, ni les vœux. Et si, pénétrée de l'importance de cet enfantement sans fin, par qui doit se renouveler et se prolonger son existence, la Pairie surveillait les ambitions de la médiocrité pour les combattre, les nobles efforts du génie et du dévoûment pour les encourager; si, unanime dans le blâme et dans l'éloge, elle osait dire son opinion, qui pourrait s'étonner que l'usage lui attribuât une grande autorité, et que la Couronne s'accoutumât bientôt à considérer cette épreuve officieuse comme une garantie de la sagesse de ses choix?

§ XIII. Dispositions favorables.

Nous avons montré qn'il n'a existé jusqu'à ce jour de système général de gouvernement que dans les objets qui ont rapport à la *politique constituante*.

Nous avons montré que le pouvoir ne serait fort et la majorité

nnie dans la *politique des affaires* qu'à la condition d'y introduire
un système de gouvernement qui lui fût propre.

Nous avons cherché à indiquer ce que devrait être ce système.
Nous avons dit qu'il se proposerait pour objet immédiat de développer et de perfectionner les rouages de l'administration.

Des deux assemblées dont les hautes influences composent la
force des cabinets, il nous a paru que la Chambre des Pairs était
celle que sa composition, son origine et son plus vital intérêt appe-
laient la première dans cette voie.

Nous nous sommes convaincus que ce n'est pas UN PRINCIPE
qui lui manque, qu'elle repose depuis la loi de 1831 sur le principe le plus respectable, le plus solide, le plus populaire; que c'est
par des œuvres, par de grands services nationaux, qu'elle établira
dans l'opinion et au sein du Parlement sa légitime autorité. Et
quel plus grand service peut-on rendre aujourd'hui au pays que
d'introduire de l'harmonie, de l'unité dans l'emploi de ses ressources, que d'offrir aux esprits et aux intérêts divisés un nouveau
but dont les bienfaits deviennent pour toutes les classes un gage
d'union?

Il n'en est pas à nos yeux de plus digne d'exciter le patriotisme
et la noble ambition des membres de la Pairie; et, s'ils sont una-
nimes, nul doute que l'entreprise que nous signalons ne soit couronnée de succès.

La Pairie rencontrerait dans l'esprit public les dispositions les
plus favorables.

L'opinion n'est pas moins lasse de la prépondérance exagérée
de la Chambre des Députés et de l'usage qu'elle en fait, que la Pairie n'est fatiguée de son rôle subalterne.

On conçoit que depuis 1830 elle ait usé de réserve. L'impulsion politique venue d'un peuple en révolution s'était attaquée à
sa propre existence, non pour la mutiler et l'amoindrir, nous l'a-
vons prouvé, mais pour la régénérer. Surprise par la secousse, elle
a dû d'abord se recueillir, se reconnaître. Aujourd'hui que le tor-
rent est passé, il dépend d'elle d'acquérir une immense autorité
sur l'opinion, et D'ENTRAÎNER DANS LA VOIE DES RÉFORMES ET DES
CRÉATIONS ADMINISTRATIVES la Chambre des Députés, comme *elle
a été entraînée par elle dans la voie des mesures constituantes.*

Toutefois, si la Pairie était seule intéressée à voir son importance
s'accroître et l'équilibre s'établir entre les deux assemblées législatives, on pourrait douter que ses efforts, quelque légitimes qu'ils

soient, fussent un jour couronnés de succès. Mais nous avons prouvé que l'élévation de la Pairie intéresse directement la Chambre des Députés.

Sans doute, l'assemblée élective renferme beaucoup d'hommes de parti, rompus à la lutte, pour qui l'agitation est synonyme de progrès; qui calculent le mérite des sessions par le nombre et la violence des harangues. Ceux-là, au fond du cœur, n'admettent qu'une Chambre; et s'ils consentent à ce que nominalement il en existe deux, c'est par une sorte de routine, par un reste d'habitude dont ils ne sauraient eux-mêmes donner la raison.

Mais à côté d'eux il y a des esprits plus éclairés, des dévoûmens sincères, des intentions droites qui ont pris le système représentatif au sérieux, qui veulent la vérité de la constitution. Ceux-là souffrent cruellement du cercle vicieux où roulent les délibérations depuis quelques années; ils rougissent des intrigues de l'esprit de parti; ils ont profondément étudié les besoins de la France; ils voudraient que les momens si précieux des élus de la nation fussent remplis par d'utiles mesures. Ceux-là comprendront que le rôle subalterne de la Pairie est pour beaucoup dans l'état d'anarchie et de confusion qu'ils déplorent, et que si la Pairie devait acquérir plus d'importance, une allure plus ferme et plus décidée, si elle prenait l'initiative des créations vraiment populaires que l'administration doit réaliser dans son sein, et qui sont de sa compétence spéciale, la Chambre élective sortirait bientôt de ses discussions stériles, et que, par émulation, par point d'honneur, elle chercherait, dans la ligne des intérêts privés qu'elle représente plus particulièrement, à acquérir, elle aussi, la popularité.

Le jour où la Pairie s'occuperait d'appliquer le système des examens et des concours à toutes les administrations, où elle discuterait les bases d'une *école financière*, d'une *école administrative*, d'une *école diplomatique*, n'est-il pas probable en effet que ce jour-là la Chambre des Députés serait entraînée à s'occuper d'un bon système d'éducation professionnelle appliquée à toutes les branches des arts, de l'industrie, de l'agriculture et du commerce?

Le jour où la Pairie s'occuperait de compléter l'organisation des ponts-et-chaussées et de fonder son matériel, où elle ajouterait à l'institution des *conducteurs embrigadés* des compagnies fixes d'ouvriers, où elle créerait en un mot l'armée pacifique des travaux publics, ce jour-là n'est-il pas probable que la Chambre des Députés ne voudrait pas rester en arrière vis-à-vis de l'industrie privée;

qu'elle serait conduite à résoudre la question des bestiaux, la question des sucres ; à modifier les tarifs dans le but d'ouvrir de nouveaux débouchés aux départemens vignicoles ; à compléter l'institution des syndicats et des prud'hommes ; à hâter par son concours l'établissement de cette caisse de retraite des travailleurs invalides, œuvre à la fois politique et morale, et qui doit favoriser le repos public autant que le bien-être des classes ouvrières ?

C'est aux esprits intelligens et courageux, à tous les hommes d'avenir que nous adressons ces questions.

Qu'ils les pèsent mûrement, et ils se convaincront que l'élévation de la Pairie par les moyens et dans la ligne que nous indiquons, loin de diminuer l'influence de la Chambre élective, doit féconder ses travaux, lui rendre la dignité, l'union, la vie ; et qu'elle offre, dans la carrière où ils cherchent le bien public, un appui favorable à l'accomplissement de leurs desseins.

Une vaste carrière s'ouvre donc devant la Pairie. Le principe de sa constitution l'y pousse, les difficultés de la situation l'y attirent. En elle et hors d'elle, tout semble la favoriser.

Si l'influence qu'elle doit conquérir dans le gouvernement des affaires importe à la députation qui y trouvera un remède à ses divisions intestines ; elle n'importe pas moins à la royauté qu'elle protégera contre les envahissements de la démocratie ; aux cabinets dont elle garantira la stabilité, au public lui-même, qui s'aperçoit que le droit de chacun de prendre part aux délibérations politiques, peut aboutir à l'abus et à l'impuissance, et qui désire voir enfin les affaires de l'État traitées par les praticiens.

La cause de la Pairie, c'est la cause de l'ordre, qui grandit chaque jour. En 1815, la liberté avait été comprimée. Aussi, pendant la Restauration, la liberté était en progrès ; c'est à ses représentans qu'appartenait l'avenir. En 1830, au contraire, c'est l'ordre qui a été comprimé ; et c'est le principe de l'ordre depuis ce temps qui est en progrès, c'est à ses représentants laborieux et populaires que l'avenir appartient.

Reconnaissons-le. A la destinée de la Pairie se rattache un de ces événemens considérables qui ne se rencontrent qu'à de rares intervalles dans la vie des nations, nous voulons dire un déplacement complet de l'influence et de l'autorité, sorte d'évolution morale et politique qui s'opère déjà dans les esprits et qui doit bientôt éclater au grand jour. Étudiez les masses, et vous verrez qu'il s'y passe quelque chose de semblable à la disposition qui a précédé la majorité de Louis XIV après la Fronde, et l'établissement du Consulat à la fin du siècle dernier. Même lassitude, même dégoût du bruit et de l'agitation, même affaiblissement de l'esprit de défiance, même indifférence pour les droits qu'il avait créés. Sans doute l'aspect général de la crise diffère en des points capitaux : nous avons une dynastie; la Constitution est fondée; le dénoûment ne sera pas le même; mais au fond ce sera le même résultat. Il s'agit encore du triomphe de l'intérêt public sur les intérêts privés, de la règle sur le caprice, du droit sur la faveur, du talent sur les prétentions, des œuvres enfin sur les harangues.

§ XIV. — Obstacles. — C'est la guerre. — Qui la fera?

Ce triomphe aujourd'hui, aura-t-il lieu sans lutte. Ce serait se faire illusion que de l'imaginer.

Parmi les possesseurs actuels de l'influence politique, il y a, nous l'avons dit, des cœurs dévoués, des âmes intelligentes, et c'est le grand nombre, qui accepteront la situation nouvelle avec toutes ses exigeances; malheureusement, il y a aussi en minorité, mais en minorité très-remuante, des esprits bornés, des âmes avides; il y a les intrigans, les ambitieux, les accapareurs d'emplois publics, tyrans féodaux qui rappellent ceux du moyen-âge, par la guerre qu'ils font à l'autorité royale et par la façon cavalière dont ils rançonnent le public au profit d'intérêts de famille ou de clocher. En face de ces hommes d'État improvisés, dont les plus innocens ne se mêlent aux affaires publiques que pour les embrouiller, le triomphe de l'ordre, de la règle, de la justice, de l'intérêt général, ne sera obtenu que par la lutte; il faut avoir le courage de le reconnaître, et par une lutte vive, énergique, passionnée.

Cette lutte, est-ce à la Pairie à la soutenir, à la diriger, à la provoquer?

Évidemment non. La Pairie ne pourrait lutter sans être infidèle à l'esprit, à la nature même de son institution. Une pareille lutte d'ailleurs, dans sa propre cause et contre de pareils adversaires, serait contraire à sa considération, à sa dignité.

Quels seront donc les défenseurs, les champions énergiques de la Pairie? Qui descendra pour elle dans l'arène? Ici, il faut admirer le principe nouveau de sa constitution et les ressources qu'elle offre pour l'établissement futur de sa puissance et de sa grandeur.

Les défenseurs naturels de l'institution, c'est toute cette jeunesse d'élite, fille de ses œuvres, qui s'efforce dans mille carrières diverses de servir ou d'illustrer la patrie. Ce sont les poètes, les artistes, les savans, les fabricans, les banquiers, les agriculteurs, les philosophes, les historiens, les administrateurs, les diplomates, les ingénieurs, les financiers, les magistrats, les marins, les guerriers, tous les esprits positifs, tous les talens créateurs, tous les dévoûmens pratiques qui ne font pas leur étude principale de l'art de la parole, et qui excellent plutôt à l'œuvre, qu'à la discussion.

Et pourquoi leur sympathie ne se tournerait-elle pas vers la Chambre des Pairs? Pourquoi rougiraient-ils de l'avouer? La députation soumet-elle ses candidats à des épreuves plus méritantes? N'y a-t-il de juges impartiaux et éclairés du mérite, que les électeurs? Leur suffrage est-il le seul honorable, le seul dont une âme fière, dont un noble esprit puisse s'enorgueillir!

A Dieu ne plaise que nous cherchions à déprécier les charmes de la popularité, l'empire exercé par l'opinion générale, par le jugement des masses. C'est le but le plus précieux auquel aspire le génie et le dévoûment; c'est sa plus belle récompense, c'est la gloire, la renommée! Mais cette opinion elle-même, pour tous les objets qui n'ont pas un rapport direct aux occupations de chaque jour, aux intérêts des localités, a besoin d'un guide. Elle ne peut être durable qu'à la condition d'obéir à de certaines lois. Le talent du guerrier, du marin, du financier, de l'administrateur, du juge, du consul ou du diplomate que la foule admire, qui l'a découvert d'abord, qui l'a encouragé, qui lui a donné successivement les moyens et la position les plus favorables à son développement? Ce sont ses chefs, ses supérieurs. Et le poète, le savant, l'historien, l'artiste lui-même n'a-t-il pas eu au début de sa carrière, ses patrons, ses guides, son public d'élite, dont l'influence, les conseils, ont formé lentement et obscurément les élémens véritables de sa réputation? Eh bien! ce suffrage des chefs, des supériorités qui s'attache aux œuvres et non aux professions de foi, qui est guidé par la loi de l'intérêt général et non par des considérations de localités, qui embrasse la vie entière et non un instant de la vie, ce suffrage est celui qui conduit à la Pairie. Soyons donc juste, si l'élection populaire est un titre à l'estime publique, si elle est digne d'être ambitionnée, si l'on a droit d'en être fier, cette autre élection qui n'a lieu que sur des états de services, qui se compose du suffrage des supériorités, et qui est couronnée par le choix du premier fonctionnaire de l'Etat, n'est pas moins honorable, pas moins digne d'exciter l'orgueil et d'être avouée au grand jour.

Disons plus. La loi des catégories doit infailliblement développer entre les fonctions temporaires ou permanentes de l'État et toutes les professions de l'industrie, des arts et des sciences, comme un lien de solidarité et de parenté politiques. La dignité de la Pairie, ce dernier terme de l'ambition et d'une vie entière de labeur, ne peut être le partage que de quelques élus sans doute, mais tous y sont appelés. Les plus heureux s'élèvent lentement vers elle par des degrés qui sont le prix du mérite et des services. Et comme dans leur personne c'est tout un ordre de travaux qui est honoré, leur triomphe ne constitue pas pour leurs anciens émules une défaite. Au contraire, c'est un soutien, un protecteur de plus, c'est un nouveau membre de cette grande famille d'adoption, élite et patrone naturelle de tous les services, de toutes les gloires et qui domine l'administration tout entière de l'État comme le corps des maréchaux domine l'armée. Le dernier conscrit porte dans sa giberne le bâton de maréchal de France. Mais l'institution de la Pairie jouit du même privilége, et il est plus populaire encore parce qu'il est plus étendu ; dans tous les services publics, dans toutes les situations sociales, le plus modeste employé, le talent qui débute, peut se dire aussi qu'il porte dans son cerveau, dans son cœur, dans ses bras, la dignité de pair de France.

Cette dignité, elle est aujourd'hui dédaignée, méconnue. Il s'agit de lui conquérir l'influence et le rang que lui assure la Constitution. Il le faut, pour notre influence au dehors, pour notre prospérité intérieure, pour l'honneur national que cette institution grandit aux yeux du peuple. Il faut délivrer enfin la Chambre élective de cette responsabilité écrasante qu'elle assume sur elle seule et qui a produit tous les maux que nous voyons : l'instabilité des cabinets, la langueur, l'impuissance de l'administration, l'isolement au milieu de l'Europe, et le prolongement indéfini de cette crise de 1839, à laquelle à coup sûr elle est hors d'état de mettre un terme.

Nous avons cherché à indiquer par quelle ligne politique, par quelle intervention immédiate la Pairie pouvait prendre dans le Parlement une importance égale à la mission qu'elle y doit remplir. Nous avons montré par quels efforts elle devait être soutenue au dehors, contre les petits intérêts, les petites ambitions, les intrigues, les préjugés aveugles, contre la malveillance des envieux, contre le silence des faibles.

L'avenir de cette dignité ne dépend donc que d'elle-même. C'est à ceux qui la possèdent à fonder sa puissance, et c'est à ceux qu'elle protège ou qui l'ambitionnent, à la défendre.

FIN.

IMPRIMERIE DE A. GUYOT,
35, Rue Neuve-des-Petits-Champs.